나무 같은 사람이 되고 싶다

HOW TO BE MORE TREE
Copyright © MICHAEL O'MARA BOOKS Ltd 2019
All rights reserved.

Korean translation copyright © 2025 by ThinkingMap Publishing Co.
Korean translation rights arranged with MICHAEL O'MARA BOOKS LIMITED through EYA Co.,Ltd

이 책의 한국어판 저작권은 EYA Co.,Ltd를 통해 MICHAEL O'MARA BOOKS LIMITED와 독점 계약한 생각지도가 소유합니다. 신저작권법에 의하여 한국 내에서 보호를 받는 저작물이므로 무단 전재 및 복제를 금합니다.

· 일러두기

1. 나무 명칭은 국립수목원의 국가표준식물목록을 참조하였습니다.
2. 우리나라에서 사용되는 공식 명칭이 없는 경우 학명으로 표기하였습니다.
3. 더 정확한 나무 명칭이 필요한 경우에만 영어를 병기하였습니다.

나무 같은 사람이 되고 싶다
How to Be More Tree

꾸준히, 천천히, 묵묵히 삶을 키우는
나무의 지혜

리즈 마빈 글
애니 데이비드슨 그림
박은진 옮김

아멜리에 북스

> 추천의 글

누군가의 인생까지도
바꾸어주는 책

나태주 (시인)

이 땅 위에 나무보다 겸손하고 정직한 생명체는 없습니다. 나무는 현자이고 이타주의자입니다. 무엇보다도 나무는 인내가 많은 생명체입니다. 지금까지 우리 인간은 얼마나 많은 은덕을 나무로부터 받으며 살았는지 모릅니다.

나무 없는 인간의 삶은 상상하기조차 어렵습니다. 나무야말로 인간의 스승이고 친구이고 가장 정겨운 이웃입니다. 시인들치고 나무에 대한 좋은 시를 쓰고 싶지 않은 시인은 없을 것입니다. 나 또한 나무와 친하고 싶은 사람 가운데 하나입니다.

내가 나무와 풀에 대해 관심을 가졌던 것은 50대 무렵. 그 이전은 살아가는 일이 벅차서 나무나 풀에 관심을 가질 여유가 없었던 것이지요. 또 그 당시는 좋은 지침서가 많지 않았습니다. 그런데 이번에 아멜리에북스의 《나무 같은 사람이 되고 싶다》라는 책의 원고를 보고 놀랐습니다.

그동안 내가 꿈꾸고 바라던 나무에 대한 안내가 이 책에 고스란히 들어 있었기 때문입니다. 간결하면서도 아름다운 삽화에다가 유익하면서 친절한 설명이 나와 있어서 나무에 대한 초심자라 해도 상세히 배우고 익히고 가까이하기 충분한 장점이 있었기 때문입니다.

오늘날 도시에 사는 현대인들이 고달픈 건 꽃과 시와 나무를 멀리해서입니다. 이 땅의 젊은 분들이 좀 더 일찍 나무에 대하여 관심을 가지고 배운다면, 보다 일찍이 그들의 마음과 영혼이 맑아지고 여유로워지며 그들의 인생 방향 자체가 바뀔 것으로 믿어집니다. 역시 좋은 책은 누군가의 인생을 바꾸어주는 역할까지를 마다하지 않습니다. 이 책이 바로 그런 책입니다.

❋❋ 차례 ❋❋

추천의 글 …………………………………………… 004
들어가며 …………………………………………… 010

시작은 작고 더디지만 ………………… 단풍나무 012
인내라는 미덕 ……………………………… 주목 015
연결이 빚어낸 힘 ……………………… 사시나무 017
필요할 땐 도와달라고 손 내밀기 …… 느릅나무 019
변화 속에서 길을 찾다 ………… 미국너도밤나무 020
진정으로 나답게 ………………………… 서어나무 022
언제나 대안을 준비할 것 …………… 가시자두나무 025
삶의 터전을 돌보는 것부터 …………… 버드나무 026
햇살에 온몸 맡기기 ………………… 산솔송나무 028
나만의 공간을 찾아서 …………………… 오리나무 030
내면이 단단한 삶 ……………………… 흑호두나무 033
멀리 내다보기 ……………………………… 맹그로브 035

오늘을 살아가세요	가시칠엽수	036
두려움 걷어내고 나아가기	단풍버즘나무	039
쉼이 필요한 순간	흰전나무	040
어깨 펴고 당당하게	바오바브나무	043
틀 바깥에서, 창의적으로	유럽호랑가시나무	044
아낌없이 주는 나무	올리브나무	047
나의 자리 찾기	은백양	049
서로의 결을 지키는 일	우산가시 아카시아나무	051
고단할 땐 잠시 쉬어가도 돼	잎갈나무	052
작은 기적들로 채우는 삶	아사이 야자나무	054
변화에 순응하는 마음	발삼전나무	057
바꿀 수 없는 일에 마음 쓰지 말아요	피크난드라 아쿠미나타	059
자신만의 길을 따라	바니안나무	060
숲의 지붕에 닿을 때까지	구타페르카나무	063
긍정이 머무는 자리	구아레아	064

다르다는 건 근사한 일이야 ·································· 용혈수 **067**

어제를 배우고 오늘을 살아간다 ················· 코르시카 소나무 **068**

지금 이 순간을 오롯이 ································· 왕벚나무 **071**

상처를 들여다보는 시간 ····························· 너도밤나무 **072**

한계를 받아들이기 ······································· 세쿼이아 **074**

계절의 흐름을 거스르지 않고 ························· 황연목 **077**

공동체와 함께하는 삶 ······································· 미송 **078**

모든 나이가 아름답다 ································· 미루나무 **081**

누구도 완벽하진 않다 ································· 은행나무 **083**

미련 없이 흘려보내라 ······························· 서양회양목 **084**

다음 세대 돌보기 ······································· 설탕단풍 **087**

삶의 주도권 잡기 ··· 낙우송 **089**

누구에게나 장점이 있다 ···························· 물푸레나무 **091**

홀로서기 배우기 ·· 카우리나무 **093**

변화를 껴안을 것, 비록 두려울지라도 ············· 방크시아 **095**

멈춤의 시간을 충만하게 ································· 참나무 **096**

나의 자리를 지킨다는 것 ··························· 구주소나무 **098**

내가 잘하는 것에 집중하기	마가목	101
폭풍을 견디는 법	산사나무	102
때를 기다릴 것	너도밤나무	104
때론 내려놓아야 한다	시에라 야자나무	107
더불어 살아가기	북미측백나무	109
일상을 깨고 나아갈 용기	개버즘단풍나무	111
매 순간 과정을 즐겨라	코르크참나무	112
낭비는 금물	니사 실바티카	114
주위에 온기를 베풀다	님나무	117
뿌리 깊은 나무	노간주나무	119
빛나는 조연의 품격	자작나무	120
어느 쪽으로 기울 것인가	아라우카리아 콜룸나리스	123
강인하지만 유연하게	개암나무	124
행복은 마음먹은 순간부터	라일락	127
궂은날에 대비하기	자라나무	128
내 안의 영성과 마주하기	인도보리수	131

들어가며

 나무는 참으로 경이로운 존재다. 숨 쉬고 있는 사람이라면 누구나 나무에게 감사해야 한다. 이산화탄소를 들이마시고 산소를 내뿜어주니까. 그뿐이 아니다. 나무는 다른 나무들과 보이지 않는 관계망을 이루고, 위협을 감지하면 적극적으로 대응도 한다. 심지어 바람에 쓰러져도 끝이라 여기지 않는다. 포기하기는커녕 땅에 누운 채로 기발하고 정교한 방식으로 성장을 이어나간다. 나무는 무려 4억 년 가까이 이 땅에 뿌리를 내리고 살아왔다. 그 정도 세월이면 삶의 이치를 깨닫고도 남을 시간이다. 그래서일까. 나무는 변화에 적응하고, 풍파를 견디며, 마침내 생명을 활짝 피워내는 법을 누구보다 잘 알고 있다.
 복잡하고 때로는 혼란스러운 삶 속에서 차분한 이성과 따스한 마음을 지켜내는 것은 쉬운 일이 아니다. 문득 사소한 걱정거리가

 나무껍질을 뚫고 들어와 마음의 속살을 건드리거나 부러진 나뭇가지처럼 아픈 날도 있다. 나뭇잎에 내려앉은 햇살의 따스한 감촉을 잊고 지낸 날도 많을 것이다. 그렇다면 이 책에서 삶의 상처와 아픔을 어루만져줄 한 구절을 건져 올리기를, 그 문장이 지친 마음에 잔잔한 위로가 되길 바란다. 자, 이제 편안히 앉아 바람이 풍성한 잎사귀를 살랑이게 내버려두자. 그리고 나무가 들려주는 삶의 지혜에 가만히 귀 기울여보자.

시작은 작고 더디지만

(단풍나무)

원대한 꿈을 품으면 당장 이루고 싶은 마음이 드는 것이 당연하다. 옛말에 인내란 시간이 흘러가기만 기다리는 것이 아니라 그 시간을 어떤 마음가짐과 행동으로 채우느냐에 따라 그 의미가 비로소 피어난다고 했다. 단풍나무는 기다림의 미학을 자신의 삶 속에 오롯이 담아낸다. 이 작은 나무는 산에서 자란다. 산속은 삶의 속도가 더디고, 겨울은 혹독한 터라 무리하게 뿌리를 내리거나 가지를 뻗지 않아야 한다. 그렇게 시간이 흐르고 때가 되면 이 나무도 찬란한 가을빛으로 물들고, 애쓰지 않아도 저절로 우아한 자태를 뽐내게 된다.

인내라는 미덕

(주목)

서두르지 말 것. 차분히 계획할 것. 걸어온 길을 되돌아볼 것. 이런 삶의 자세는 우리가 어디를 향해 나아가야 할지를 알려준다. 주목은 오랜 삶의 지혜를 품은 할머니 같은 나무다. 예로부터 주술적 상징을 지닌 신비로운 나무로 여겨졌고, 오랜 생명력을 자랑하며 길게는 2000년까지도 산다고 한다. 하지만 이 나무의 정확한 나이를 알기는 어렵다. 자기 나이를 감추려는 듯 세월이 흐를수록 속이 텅 비는 경우가 많아 나이테를 셀 수 없기 때문이다. 이 나무의 장수 비결은 서두르지 않고 천천히 자라면서 뿌리를 넓게 뻗어 내리는 데 있다. 혹시라도 나무가 훼손될 경우를 대비해 뿌리에 영양분을 저장하는 것이다. 그러니 주목처럼 느긋하게 가되 조금은 신비로워도 괜찮지 않을까.

연결이 빚어낸 힘

(사시나무)

주변 사람들과 관계를 맺고 서로에게 닿으려는 작은 몸짓이 예상을 뛰어넘는 결실로 돌아오기도 한다. 사시나무는 누구에게도 기대지 않고 홀로 강한 척해봐야 득 될 게 없음을 잘 알고 있다. 오히려 자신보다 더 큰 존재에 속해 어우러지는 것이 이 나무가 가진 힘의 근원이다. 사시나무는 겉으로 보면 위풍당당하게 홀로 서 있는 듯하지만, 정작 땅 밑을 들여다보면 다른 나무들과 뿌리로 긴밀하게 이어져 하나의 유기체를 이루고 있다. 그래서 물과 같은 중요한 영양분 근처에 단 한 그루만 서 있어도 숲속의 다른 나무들과 그 귀한 자원을 기꺼이 나눈다.

필요할 땐
도와달라고 손 내밀기

(느릅나무)

느릅나무는 혼자서 곤란한 상황에 처하면 스스럼없이 손을 내민다. 애벌레에게 공격을 받으면 이 나무는 페로몬 pheromone 이라는 유인물질을 내뿜어 기생말벌을 불러들인다. 페로몬에 이끌려 날아든 기생말벌은 애벌레 몸속에 알을 낳고, 알에서 부화한 유충은 애벌레를 먹이 삼아 자라면서 위협을 서서히 잠재운다. 우리는 종종 남의 도움 없이 오롯이 자기 힘으로 해내는 것을 성공이라고 생각한다. 하지만 느릅나무는 모든 것을 혼자 끌어안고 감당하지 않아도 된다는 사실을 알고 있다. 때로는 그저 말벌을 부르기만 하면 된다.

변화 속에서 길을 찾다

미국너도밤나무

일상의 작은 골칫거리들이 껍질을 뚫고 들어와 마음을 건드린 적이 있는가? 미국너도밤나무의 조상도 비슷한 일을 겪었다. 이 나무는 열대지방에서 처음 자라기 시작했는데, 그곳에서 착생식물이라는 작고 성가신 식물이 나무줄기에 난 틈새마다 달라붙어 자리를 잡으려고 했다. 그래서 미국너도밤나무는 고르고 매끈한 껍질을 발달시켜 몸통을 감쌌고, 착생식물은 비집고 들어갈 자리를 완전히 잃고 말았다. 이 나무의 매끄러운 껍질처럼 차분하고 평온한 태도로 자신의 마음을 감싸보는 건 어떨까. 착생식물 같은 걱정거리들이 파고들지 못하고 스르르 떨어져 나갈 것이다.

진정으로 나답게

(서어나무)

어떤 상황에서도 온전히 내 모습을 지켜내기란 쉬운 일이 아니다. 다른 사람들의 기대에 맞춰 자신을 바꾸고 싶은 유혹에 흔들릴 때가 많기 때문이다. 진정한 나로 살아가려면 나무껍질처럼 자신을 둘러싼 외피를 있는 그대로 받아들이고 만족할 줄 알아야 한다.

나무는 자기 자신이 아닌 다른 존재가 되려고 소중한 엽록소를 낭비하는 법이 없다. 주위의 눈치를 보지 않고 오로지 자신의 성장에 집중한다. 수수하고 눈에 띄지 않는 서어나무도 그렇다. 이 나무는 유달리 높이 자라지도 않고, 화려한 꽃을 피우지도 않으며, 맛있는 열매를 맺지도 않는다. 수천 년 동안 한결같은 모습으로 자기 자리에 단단히 뿌리 내리며 강인하게 자라왔을 뿐이다. 단 한 번도 박수갈채를 바란 적 없이.

언제나 대안을 준비할 것

> 가시자두나무

굶주린 염소 떼나 나방들이 언제 어디서 갑자기 들이닥칠지 모를 일이다. 그러니 대비책 하나쯤은 항상 준비해두는 편이 좋다. 술을 담그려고 야생 자두를 따다가 가시에 찔려본 적 있다면 이 나무가 얼마나 가시투성이인지 알고 있을 것이다. 그렇다고 가시자두나무가 가시만 믿고 있는 것은 아니다. 이 나무들도 2차 방어선을 갖추고 있다. 가시자두나무는 나뭇가지가 잘려나가는 순간, 자스모네이트$_{jasmonate}$라는 '상처 호르몬'을 내뿜는다. 이 호르몬은 나무의 화학적 방어 체계와 복구 체계를 한꺼번에 깨우는 핵심 역할을 한다. 든든한 차선책이 남아 있는 것이다.

삶의 터전을 돌보는 것부터

> 버드나무

우리가 발 딛고 살아가는 터전을 돌보지 않으면 건강하고 풍요로운 삶을 꾸려나가기 어렵다. 버드나무는 무너질 듯한 강기슭이나 더러운 강을 그냥 보고만 있지 않는다. 특유의 뿌리 구조로 허물어지기 쉬운 토양을 단단히 붙들고, 물속의 오염 물질을 비료 성분인 질산염으로 바꾸어준다. 자기돌봄은 거창하고 대단한 일로 시작하지 않아도 된다. 화사한 새 침구를 장만하거나 특별한 점심 한 끼를 먹거나 버드나무가 강기슭을 안정적으로 다지는 것처럼, 삶의 터전을 가꾸는 작은 움직임이 결국 자기 삶을 돌보는 일로 이어진다.

햇살에 온몸 맡기기

`산솔송나무`

세로토닌은 '행복 호르몬'이라고 한다. 별명답게 우리 뇌에서 세로토닌 수치가 높을수록 마음이 평온해지고 긍정적인 감정을 깊이 느낀다. 정확한 이유는 아직 밝혀지지 않았지만, 우리가 밖에 나가 햇볕을 받을 때 뇌에서는 더 많은 세로토닌이 분비된다. 그러니 몸과 마음을 건강하게 하고 행복을 느끼고 싶다면 야외에서 시간을 보내는 것이 중요하다. 마찬가지로 나무에게도 생명의 원천은 햇볕이다. 특히 산솔송나무 같은 침엽수는 햇볕을 듬뿍 받아야 무성하게 잘 자란다. 햇살 좋은 어느 날, 집 밖으로 나서기가 귀찮아진다면 산솔송나무를 한번 떠올려보라. 이 나무에 발이 있다면 따사로운 햇살이 가득 내려앉은 곳이 보일 때마다 그곳으로 유유히 걸음을 옮기고 있을 것이다.

나만의 공간을 찾아서

오리나무

한 치의 오차도 없이 누구에게나 통하는 성공 공식은 없다. 저마다 삶의 결이 다르기 때문이다. 중요한 것은 자신에게 맞는 방식을 찾아내는 것. 어떤 이들은 화창한 날에 쏟아지는 찬란한 햇살을 사랑하고, 어떤 이들은 바람이 몰아치는 산꼭대기를 오르는 아슬아슬한 도전을 즐긴다. 아무리 그래도 온종일 질퍽하고 습한 늪지에 서 있으면 누구든 금세 지쳐버린다. 그런데 오리나무에게는 이런 환경이 완벽하게 잘 맞는다. 비밀은 뿌리혹에 사는 박테리아에 있다. 나무는 박테리아에게 필요한 당분을 내주고, 박테리아는 물에 잠긴 토양에 부족한 영양분을 나무에게 돌려준다. 그 덕에 오리나무는 다른 나무들이 감히 뿌리조차 내리지 못하는 땅에서 잘 살아간다.

내면이 단단한 삶

(흑호두나무)

내면의 힘을 기르는 데 집중하면 나무를 떠받치는 줄기처럼 일상의 무게를 견딜 단단한 중심이 생긴다. 이 분야의 타고난 대가는 나무다. 아무리 거센 바람이 불어도 나무줄기는 가지와 잎의 무게를 견딘다. 줄기의 중심부를 심재_{心材}라고 하는데, 유독 흑호두나무의 심재는 강철만큼 단단하고 견고하다. 이 나무는 고급스러운 외관과 강한 내구성이 감탄할 만한데, 특히 심재는 웬만한 충격에도 쉽게 부서지지 않는다. 한마디로 끄떡없다!

멀리 내다보기

맹그로브

삶은 때때로 힘겹다. 당장 눈앞에 다가온 하루하루를 살아내는 것도 고단하고 버거울 때가 있다. 그런 중에 미래까지 생각하는 것은 너무 벅찬 일이다. 하지만 멀리 내다보고 앞날을 계획하면 분명 결실을 맺는다. 어려운 환경에서 탁월한 적응력을 발휘하는 맹그로브도 그렇다. 이 나무는 염분이 있는 물에서도 살아남았고, 물길을 따라 다음 세대를 퍼뜨려 번식시키는 영리한 방법까지 터득했다. 맹그로브는 씨앗을 뿌려 번식하는 대신 '주아株芽'라는 새끼 묘목을 길러낸다. 주아는 어미 나무에 붙어 충분히 자란 다음, 스스로 떨어져 나와 물결을 타고 흘러간다. 그러다가 자신의 보금자리를 만나면 자리를 잡고 뿌리를 내린다. 모두 맹그로브가 멀리 내다보고 해낸 일이다.

오늘을 살아가세요

(가시칠엽수)

현재를 즐길 줄 안다는 것은 좋은 시절이 찾아왔을 때 그 빛나는 시간을 온전히 받아들이고 마음껏 누릴 수 있다는 뜻이다. 매년 5월이면 가시칠엽수는 촛불을 켠 듯 아름다운 꽃을 탐스럽게 피워낸다. 꽃향기에 이끌려 다양한 곤충이 모여들고 꽃가루 축제가 성대하게 벌어진다. 한껏 들뜬 축제 분위기는 꽃가루받이로 이어지고, 가을이 깊어지면 나뭇가지가 축 늘어질 정도로 윤기 나는 열매가 주렁주렁 열린다. 겨울은 어김없이 다시 오지만, 햇살이 찬란한 날엔 마음껏 축제를 즐기고 꽃을 피워도 좋다.

두려움 걷어내고 나아가기

(단풍버즘나무)

익숙하고 편안한 자리에서 살짝만 벗어나도 미처 몰랐던 내 안의 가능성이 놀랄 만큼 활짝 피어난다. '런던 플라타너스'라고도 하는 단풍버즘나무는 이름과 달리 도시 토박이가 아니라 버즘나무와 양버즘나무 사이에서 태어났다. 하지만 낯선 환경을 기꺼이 받아들이고 도시 생활에 완벽히 녹아들었다. 이 나무는 껍질을 주기적으로 벗겨내는데, 이때 그을음 같은 도시의 오염 물질도 말끔히 씻겨 나간다. 그뿐인가. 도시가 점점 확장되면서 뿌리가 아스팔트로 거칠게 덮여버리는 상황에도 꿋꿋이 견뎌내는 의연함까지 보여준다.

쉼이 필요한 순간
> 흰전나무

'볕이 들 때 건초를 만들어라'라는 말이 있다. 그러면 해가 나지 않는 날에는? 갈퀴를 내려놓고 한숨을 돌려야 할 때다. 흰전나무 같은 침엽수는 언제 힘을 빼고 쉬어야 할지를 정확히 알고 있다. 이 나무는 활엽수와 달리 가을에 잎을 떨구지 않고 사계절 내내 푸른 바늘잎을 지닌 채 살아가므로 겨울철에도 햇살 좋은 날엔 광합성이 가능하다. 그러나 흰전나무는 1년 중 이 시기만큼은 활동 속도를 한껏 늦추고, 잎을 통해 수분이 새어나가지 않도록 하는 데만 오롯이 집중한다.

어깨 펴고 당당하게

> 바오바브나무

자신감을 끌어올리고 다시 일어설 힘이 필요할 때 바오바브나무를 바라보자. 차마 대놓고 말하기 미안하지만, 솔직히 이 나무는 좀…… 이상하게 생겼다. 하지만 이 나무, 알고 보면 입이 떡 벌어질 만큼 상당한 능력을 품고 있다. 아프리카 사바나의 모질고 열악한 환경에도 아랑곳하지 않고 꿋꿋이 자란다. 어디 그뿐인가. 다른 나무들은 시련이라고 해봐야 염소나 기린 한두 마리에게 이파리를 야금야금 뜯기는 정도지만, 바오바브나무는 목마른 코끼리들이 물을 찾기 위해 부드러운 나무껍질을 뚫고 속을 헤집어놓는 공격까지 참아낸다. 바오바브처럼 몸집을 부풀려 물을 저장하는 나무는 거의 없다. 그야말로 살아 있는 천연 물탱크다. 수명도 무려 2000년에 달한다. 메마른 사바나 한복판에 거꾸로 처박혀 물구나무선 듯한 모습치고는 놀라운 반전 매력의 소유자다.

틀 바깥에서, 창의적으로

> 유럽호랑가시나무

살다 보면 정공법을 내려놓고 살짝 비틀어 접근해야만 해결의 실마리가 보일 때가 있다. 기존의 틀을 벗어난 창의적 발상이 위기 상황을 뒤집는 결정적 계기가 되기도 한다. 이런 자연의 이치를 온몸으로 익힌 나무들은 종종 성장을 극대화하기 위해 높낮이를 달리하며 다양한 잎을 틔워낸다. 가령 잎이 받는 햇빛의 양에 따라 빛을 흡수하는 세포의 수를 줄이거나 늘리며 섬세하게 조율한다. 여기서 한 발짝 더 나아가 유럽호랑가시나무는 오가는 동물들이 나뭇잎을 뜯어 먹을까 봐 위쪽 잎보다 아래쪽 잎에 가시를 촘촘히 세워두는 기지를 발휘한다. 색다른 발상을 두려워하지 않는 유럽호랑가시나무처럼, 때론 그렇게 살아야겠다.

아낌없이 주는 나무

`올리브나무`

나누면 기쁨이 배가 된다는 말에 고개를 갸웃할지도 모르겠다. 실제로 내 것을 아무 조건 없이 선뜻 내주면 잃는 게 아니라 마음은 외려 깊이 채워진다. 이 역설을 뒷받침하는 연구 결과도 있다. 하지만 올리브나무는 굳이 그런 논문을 들춰볼 필요가 없다. 수천 년 전부터 그 진리를 이미 꿰뚫고 있으니까.

건조하고 더운 기후와 척박한 토양에서 자라는 나무라면 으레 제 한 몸 건사하는 데만 급급해 주변을 돌아볼 겨를도 없을 거라 짐작하기 쉽다. 그러나 올리브나무는 어떤 나무보다 영양이 풍부한 열매를 맺으며 1000년 가까이 그 결실을 이어간다. 마음이 한없이 넉넉한 이 나무는 신석기 시대부터 가혹한 자연환경에서 살아가는 사람들에게 먹거리와 약, 기름을 아낌없이 선사하며 그 곁을 지켜왔다.

나의 자리 찾기

(은백양)

자신이 감당할 수 있는 선 너머로 떠밀려간 자리에서 억지로 버티다 보면 마음은 금세 평온함을 잃고 행복은 저만치 달아난다. 여러 일을 잘 해내는 은백양, 이 나무는 웬만한 토양이면 가리지 않고 잘 자란다. 또 뿌리 내릴 공간만 있다면 주저 없이 그 틈을 파고들어 자리를 잡고 단숨에 솟아오른다. 하지만 그늘은 딱 질색한다. 빛이 있어야 제대로 잘 자라기 때문이다. 그러니 늘 햇살이 머무는 자리에서만 뿌리를 내린다. 아주 단순하다.

서로의 결을 지키는 일

> 우산가시 아카시아나무

나무는 말없이 서 있기만 하는 존재가 아니다. 주변과 어우러져 살아가는 사교적인 생명체다. 우산가시 아카시아나무는 곁에 있는 친구를 살뜰하게 챙기는 일이 얼마나 중요한지 안다. 영양이나 기린이 간식 삼아 나뭇잎을 한 입 뜯으려 하면 이 나무는 에틸렌가스를 내뿜어 이웃 나무들에게 위험을 알린다. 신호를 받은 나무들은 잎에서 떫고 쓴맛이 나는 타닌^{tannin}을 내보내 허기진 초식동물의 입맛을 뚝 떨어뜨린다. 우리도 우산가시 아카시아나무처럼 평소 친구들을 세심히 살피고, 위험이 닥치면 빠르게 정보를 나눠 서로를 지켜주기로 하자. 단, 가스는 너무 뿜어대지 않기!

고단할 땐 잠시 쉬어가도 돼

(잎갈나무)

마음이 지치고 힘들면 세상도 평소와 달리 보인다. 별것 아닌 그림자 하나도 침대 밑에 웅크리고 있는 괴물로 느껴진다. 치유법은? 푹 쉬는 것. 그리고 스스로를 다정하게 보듬을 것. 잎갈나무에게서 한 수 배워보자.

이 생존의 달인은 지구의 북쪽 끝자락인 극한의 땅에서 자란다. 끝없이 이어지는 혹독한 시베리아의 겨울을 견디기 위해 이 나무는 대부분의 침엽수와 달리 바늘잎을 일부러 떨구어내고 겨울잠을 잔다. 그렇게 자연이 다시 깨어나는 계절이 찾아올 때까지 잠잠히 기다리는 것이 잎갈나무가 살아가는 방식이다.

작은 기적들로 채우는 삶

> 아사이 야자나무

누군가 건넨 작은 친절이 당신의 하루를 환하게 밝혀주는 햇살처럼 느껴진 적 있는가? 소소한 기쁨, 그리고 그 기쁨을 나누는 것이야말로 삶이 더 행복해지는 비결이다. 아마존 열대우림의 복잡한 생태계 한가운데에 깊숙이 자리 잡고 울창하게 뻗어나가는 아사이 야자나무. 이 나무는 사랑을 널리 퍼뜨리는 일을 사명으로 여기며 살아간다. 아사이 야자나무는 곱고 사랑스러운 꽃가루로 200종 넘는 다양한 곤충을 불러 모으고, 영양을 가득 품은 보랏빛 열매로 양분을 찾아다니는 새와 파충류, 여러 생명체에게 한 끼를 선사한다. 아사이 야자나무의 작은 기적이 숲속 생명들의 삶을 채운다.

변화에 순응하는 마음

> 발삼전나무

갑작스러운 가뭄이나 매서운 한파가 닥쳤을 때 나무가 할 수 있는 일은 많지 않다. 따뜻한 휴양지로 휴가를 훌쩍 떠날 수도 없는 노릇이니 말이다. 나무는 한 치 앞도 가늠할 수 없는 변화무쌍한 자연 앞에서 무슨 일이 닥치든 묵묵히 감내하고 적응해야 한다. 그래서일까. 나무는 놀랄 만큼 유연하게 진화해왔다.

발삼전나무도 변화에 순응하는 지혜를 지니고 있다. 이 나무는 잎을 떨구지 않고도 북쪽 고위도에서 살아남는 법을 터득한 덕분에 1년 내내 햇빛을 받아 쉼 없이 광합성을 이어간다. 또 기온이 곤두박질쳐도 얼지 않는 찐득한 수액을 발달시켜 극심한 추위에도 생명의 흐름을 멈추지 않는다. 물론 변화는 낯설고 불편하게 느껴지기 마련이다. 하지만 사람에게도 나무에게도 불편함은 성장으로 이끄는 씨앗이 되기도 함을 잊지 말기를.

바꿀 수 없는 일에
마음 쓰지 말아요

`피크난드라 아쿠미나타`

세상에는 바꿀 수 있는 일도 있지만 어쩔 수 없이 감내해야 하는 일도 있다. 어느 날 문득 자신이 독성 금속으로 뒤덮인 땅 위에 살고 있음을 알게 된다면 누구라도 마음이 편치 않을 것이다. 하지만 피크난드라 아쿠미나타는 니켈 함유량이 높은 뉴칼레도니아 땅에서 살아남기 위해 기막힌 생존법을 찾아냈다. 니켈을 몸속으로 흡수한 다음 구연산을 이용해 수액 속에 안전하게 가두는 것이다. 그 과정에서 나무의 수액은 푸른빛으로 물든다. 어차피 바꿀 수 없는 일에 마음을 쓰느니 그것과 더불어 살아가는 길을 찾는 편이 여러모로 현명하지 않을까.

자신만의 길을 따라

`바니안나무`

성공에 이르는 길은 여러 갈래로 뻗어 있어 모두가 같은 길을 걷지 않아도 된다. 기묘하면서도 신비로운 바니안나무는 몸집이 거대하고, 어떤 나무보다 풍성하고 드넓은 수관樹冠을 자랑한다. 그런데 독특하게도 이 나무는 땅에서 삶을 시작하지 않는다. 관습을 거부한 이 나무의 씨앗은 다른 나무의 갈라진 틈새에 몸을 얹고 주변에서 물과 영양분을 흡수한다. 그렇게 착생식물로 자라기 시작하면 가지에서 곧바로 뿌리를 내리고 마침내 땅과 연결된다. 나무가 되는 법도 한 가지만 있는 게 아니다.

숲의 지붕에 닿을 때까지

(구타페르카나무)

구타페르카나무는 끊임없이 배우고 성장하며 목표를 마지막까지 놓아버리지 말라고 속삭인다. 이 나무는 자신이 원하는 바를 또렷이 알고 목표를 향해 거침없이 나아간다. 말레이반도의 울창한 열대우림에서 치열한 생존의 시간을 견뎌낸 이 나무는 온몸으로 깨달았다. 햇빛을 만나려면 숲의 나뭇잎 지붕 위로 있는 힘을 다해 빠르게, 그리고 곧장 내달려야 한다는 사실을. 그래서 아래쪽에는 가지나 잎을 내지 않은 채 곧고 힘차게 뻗어 올라간다. 마침내 자신이 있어야 할 곳, 햇빛이 찬란하게 쏟아지는 숲의 지붕에 닿을 때까지.

긍정이 머무는 자리

`구아레아`

넘어지고 쓰러지는 것도 삶의 일부다. 그 순간을 딛고 몸을 일으키려 애쓰는 과정에서 우리는 비로소 다시 일어서는 법을 배운다. 하지만 나무에게는 그게 말처럼 쉬운 일이 아니다. 중남미에 열대성 폭풍이 한바탕 휩쓸고 지나갈 때면 구아레아 같은 나무는 안간힘을 다해 어떻게든 버텨보려 한다. 하지만 바람이 극심하게 몰아칠 때는 속수무책으로 쓰러질 수밖에 없다. 예상치 못하게 땅에 고꾸라져 눕게 되더라도 구아레아는 결코 포기하지 않는다. 쓰러진 줄기를 따라 금세 새순을 틔우고 자신의 몸속 양분과 수분을 새 생명에게 흘려보낸다. 이 '복제' 나무들이 뿌리를 내리고 홀로 설 수 있을 때까지.

다르다는 건
근사한 일이야

(용혈수)

자기만의 빛으로 충분히 돋보이는데 애써 남들과 같을 필요가 있을까? 공룡이 우산을 썼다면 그 모습은 영락없이 용혈수를 닮았을 것이다. 하늘로 곧게 뻗은 굵은 몸통 끝에 우산처럼 수관이 활짝 펼쳐진 이 나무는 사방으로 뻗은 가지마다 빽빽하게 달린 잎들이 안개 속 물방울을 붙잡아 담아낸다. 나무껍질에 상처를 살짝 내보면 끈적끈적한 핏빛 진액이 배어 나온다. 1600년대에 사람들은 이 붉은 진액을 바짝 말려 유럽으로 가져갔고, 진액 안에 마법 같은 힘이 깃들어 있다고 믿었다. 누가 봐도 그럴 만했다. 용혈수는 온몸으로 이렇게 외치는 듯하다. 남들과 다르다는 건 정말이지 근사한 일이야.

어제를 배우고
오늘을 살아간다

`코르시카 소나무`

사람과 마찬가지로 나무도 지나온 시간에서 배울 때 더 단단하고 풍성해진다. 나무가 자라면서 겪는 수많은 시련 중 거센 바람만큼 버거운 게 또 있을까. 사방이 훤히 뚫려 어디에도 몸을 숨길 데 없는 산비탈에 서 있는 코르시카 소나무. 이 나무는 바람을 정면으로 맞아야 한다. 하물며 숲의 끝자락에 서 있는 나무는 한층 더 사납게 몰아치는 바람을 고스란히 받아낼 수밖에 없다. 이렇게 세찬 바람에 맞서 살아가는 나무들은 겨울마다 매서운 바람에 시달리며 스스로 수형樹形을 바꿔간다. 줄기를 더욱 가늘고 단단하게 다듬으며 그렇게 거센 바람에 적응한다.

지금 이 순간을 오롯이

(왕벚나무)

왕벚나무 Yoshino Cherry 에 흐드러지게 핀 벚꽃을 눈앞에서 본 행운을 누린 사람이라면 누구라도 그 황홀함에 깊이 매료되었을 것이다. 일본에서는 순백에 가까운 이 화사한 벚꽃이 피어 있는 2주 동안 가족과 친구들이 모여 꽃그늘 아래에서 봄을 만끽한다. 불교에서는 벚꽃이 피었다 지는 찰나의 아름다움을 영적인 체험으로 여긴다. 삶이 그러하듯 아름다움도 덧없는 것. 벚꽃은 말한다. 눈앞에 빛나는 지금 이 순간을 감사히 누리고 매 순간 충만하게 살아가라고.

상처를 들여다보는 시간
(너도밤나무)

마음 어딘가가 균형이 미묘하게 어긋난 듯하지만 그 이유를 콕 짚어내기 어려울 때가 있다. 그럴 때는 잠시 멈춰 자신을 들여다보는 시간이 다시 균형을 찾아가는 데 도움이 된다.

나무는 문제를 해결할 수 있는 선택지가 그리 많지 않다. 하지만 과학자들은 나무가 단순하고 제한된 반응만 한다는 오랜 통념에서 벗어나 이제는 생각보다 훨씬 정교하고 다양한 방식으로 환경에 대응한다고 생각한다. 이를테면 너도밤나무는 사슴이 나뭇잎을 뜯어 먹으면 상처를 감지하고 잎에서 지독하게 떫은맛을 내는 타닌을 잔뜩 분비한다. 하지만 단순히 바람에 잔가지 하나가 꺾인 것이라면 나무는 손상 부위를 감싸고 아물게 하는 데 필요한 호르몬만 분비한다. 그러니 우리도 너도밤나무처럼 가끔은 내 안의 부러진 잔가지들을 들여다보는 시간이 필요하다.

한계를 받아들이기

(세쿼이아)

때때로 우리는 스스로를 지나치게 몰아붙이느라 정작 손 닿는 거리에 있는 것들의 소중함을 놓친다. 혹시 지금 앞만 보고 달리고 있다면 세쿼이아가 건네는 지혜에 잠시 귀 기울여보자. 이 경이로운 나무는 마천루만큼 높이 솟아오를 잠재력을 지녔음에도 어느 순간 멈춰 서서 상황을 점검한다. 나무는 영리하게도 증산이라는 작용을 통해 땅에서 끌어올린 물을 광합성이 일어나는 꼭대기 수관까지 밀어 올린다. 하지만 물리 법칙에 따르면 이 놀라운 작용도 120미터까지만 가능하다. 세상에서 가장 키가 큰 나무는 히페리온 Hyperion이라는 이름의 세쿼이아인데, 높이가 115미터에 이른다. 역시 나무는 자신의 한계를 겸허히 받아들이고 멈춰 설 줄 안다.

계절의 흐름을
거스르지 않고

(황연목)

6월의 따스한 바람이 나뭇가지 사이로 살랑이던 것도 잠시, 어느덧 밤은 길어지고 차가운 기운이 공기 중에 감돈다. 나무가 그러하듯 우리도 인생에서 가장 힘든 시기를 건강하게 견뎌낼 방법을 마련해야 한다. 나무는 잎을 통해 많은 수분을 잃는데, 땅이 얼면 수분을 다시 채울 길이 막혀버린다. 더구나 크고 너울거리는 잎을 달고 겨울 폭풍을 맞는 건 나무에겐 그 자체로 끔찍한 악몽이 된다. 그래서 황연목 같은 활엽수는 당분간 광합성을 할 수 없음을 받아들이고 때가 되면 순리에 따라 나뭇잎을 놓아준다. 그렇다고 잎을 떨구는 과정이 멋지지 않을 이유는 없다. 황연목은 마지막 순간마저도 한 폭의 그림처럼 아름답다. 잎은 떨어지기 전에 눈을 뗄 수 없을 만큼 강렬한 붉은빛으로 타올라 선명한 인상을 남긴다. 그렇게 황연목은 또 한 번의 겨울나기를 준비한다.

공동체와 함께하는 삶

> 미송

사람처럼 나무도 서로를 지탱해주는 관계망에서 힘을 얻는다. 한때 과학자들은 미송 Douglas fir 같은 나무들이 왜 가깝게 붙어 자라는지 의아해했다. 햇빛을 받으려면 간격을 벌릴 법한데 오히려 서로의 햇빛을 가릴 위험까지 감수하며 바짝 모여서 자랐기 때문이다. 알고 보니 흙 속에 사는 균류의 도움으로 나무뿌리가 서로 긴밀하게 이어져 영양분이 오가고 있었다. 미송은 이 뿌리망을 통해 다음 세대를 길러내고, 심지어 숲 공동체에 중요한 역할을 하는 나무라면 쓰러진 그루터기에도 생명이 꺼지지 않도록 숨결을 불어넣는다. 이때의 공동체란 단지 미송만을 의미하지 않는다. 미송은 비록 종이 달라도 기꺼이 도움을 주고받으며 한데 어우러져 살아간다.

모든 나이가 아름답다

> 미루나무

우리는 나이 듦의 부정적인 면에만 집중하느라 성숙과 경험이 건네는 소소한 기쁨들을 자주 놓친다. 별로 놀랄 일도 아니지만 나무들은 이런 실수를 저지르지 않는다. 사실 나무는 빨리 나이 들기 위해 애쓰고, 마침내 삶이 무르익는 시기가 되면 그 시간을 온전히 즐긴다.

미루나무는 북미에서 가장 빠르게 자라는 나무로 손꼽힌다. 어린 나무들은 야망이 크고 경쟁심이 강해 한 해에 무려 2미터 가까이 쭉쭉 치솟는다. 나이가 들수록 성장 속도는 점점 느려지지만 그렇다고 자라기를 포기한 것은 아니다. 중년의 보디빌더가 근육량을 늘리듯 나무도 몸집을 탄탄히 키워가고 있을 뿐이다. 굵어진 줄기와 가지 덕분에 나무는 대기 중 탄소를 흡수하는 최적의 몸이 되어간다.

누구도 완벽하진 않다

은행나무

모든 일을 완벽하게 해내야 한다고 스스로를 다그치면 중압감에 짓눌려 결국 낙담할 뿐이다. 어디 하나 흠잡을 데 없어 보이는 은행나무는 수려한 외관에 강인한 생명력까지 겸비했다. 화석 기록에 따르면 은행나무는 이 땅에 2억 년 이상 뿌리를 내리고 살아왔다(중국 사찰에는 1500년 넘는 세월을 견뎌온 은행나무도 더러 있다). 이 나무는 오염된 도시에서도 굳건히 자라고 원자폭탄이 떨어진 히로시마에서도 살아남았다. 그뿐이랴. 가을이 오면 부채꼴 은행잎이 황금빛으로 황홀하게 물든다. 그러나 안타깝게도 이 나무의 열매는 코를 찌르는 고약한 냄새를 풍긴다. 모든 것을 다 가질 수는 없나 보다.

미련 없이 흘려보내라

(서양회양목)

나무도 살다 보면 부딪히고 멍들고 꺾이기 마련이다. 나무는 비록 움직이지는 못해도 제자리에서 상처를 딛고 묵묵히 삶을 이어가는 법을 알고 있다. 손상된 부분을 '고치거나' 감염을 막느라 공연히 애쓰는 대신, 건강한 조직까지 피해가 번지지 않도록 상처 난 자리를 꽁꽁 감싸버린다. 이 분야의 고수는 서양회양목이다. 이 나무는 잔가지 몇 개쯤 부러져도 대수롭지 않게 여긴다. 실제로 나무가 손상되면 옥신^{Auxin}이라는 생장 호르몬이 재분배되면서 비 온 뒤에 땅이 굳는 것처럼 나무가 전보다 훨씬 울창하고 강인하게 자라난다. 그래서 이 나무는 울타리용 나무로 제격이고, 조형 기법으로 예술 작품을 만드는 데도 더할 나위 없이 좋다.

다음 세대 돌보기

> 설탕단풍

누구나 한 번쯤 자신이 거대한 숲 한가운데에 덩그러니 서 있는 작은 묘목처럼 느껴질 때가 있다. 그러니 숲에서 자리를 잡아가고 햇빛 한 자락 정도는 온전히 내 것으로 누리게 되면, 저만치 아래에서 자라나고 있는 작은 존재들을 잊지 말아야 한다. 설탕단풍 같은 숲속 나무들은 땅 밑으로 깊이 뻗어나간 연결망을 따라 큰 나무의 그늘에 가려 힘겹게 자라고 있을 어린나무들에게 당분을 전달한다. 그러니 잠시 고개를 들어 주위를 둘러보자. 당신의 숲에도 도움의 손길이 필요한 이들이 있지 않은지.

삶의 주도권 잡기

(낙우송)

가끔은 잠시 멈추고 자신을 돌보는 것만으로도 기분이 한결 나아진다. 하지만 현실적인 해법이 필요한 문제와 맞닥뜨리는 순간도 있다. 그럴 때 주도권을 잡고 문제를 정면 돌파하겠다는 적극적인 자세는 우리를 한층 강하게 만들어준다.

늪지대에서 자라는 낙우송은 험난한 환경에서도 물러서지 않고 생존의 길을 열어간다. 물속에 잠긴 뿌리까지 공기를 전달하는 구조를 발달시켰고, 홍수가 일어나면 불어난 물을 흡수해 유속을 완화시킨다. 토양을 단단히 움켜쥐어 물가 보금자리의 침식을 막아내는 자연 제방 역할도 마다하지 않는다. 심지어 오염 물질을 걸러내 수질 정화에 기꺼이 힘을 보태는 적극적인 나무다.

누구에게나 장점이 있다

(물푸레나무)

우리는 종종 어쩔 수 없이 자신을 타인과 비교하게 된다. 하지만 진정한 자신감이란 자기 안의 가치를 소중히 여기고 받아들이는 데서 비롯된다는 사실을 나무는 알고 있다.

물푸레나무는 매우 단단한 목재를 만들어낼 뿐 아니라 성장 속도도 상당히 빠르다. 하지만 봄이 와도 가장 먼저 잎을 틔우려고 서두르지 않는다. 너도밤나무와 참나무는 빽빽하게 우거진 잎을 자랑한다. 바꿔 말하면 이 나무들 아래에서는 식물이 제대로 성장하기 어렵다. 반면 물푸레나무는 성글게 펼쳐진 수관 사이로 햇빛이 군데군데 스며들어 이 나무 아래에서는 다른 식물이 싹을 틔우고 자라날 수 있다. 한마디로 물푸레나무는 강인하고 자신감이 넘친다. 갑자기 소나기가 쏟아질 때는 별 도움이 안 되지만.

홀로서기 배우기

(카우리나무)

어떤 어려움이 닥치더라도 헤쳐나갈 내면의 힘이 자기 안에 있다는 믿음, 그것이야말로 자신감의 밑거름이다. 웅장한 자태의 뉴질랜드 카우리나무는 이 믿음을 삶에 녹여낸다. 이 나무는 때로는 숲속에 어우러져서, 때로는 고요히 홀로 서서 1000년이 훌쩍 넘는 세월을 살아낸다. 자립심이 강해 스스로 서는 법을 알기에 누구의 도움 없이도 오롯이 제힘으로 생을 이어간다. 몸통이 거대하게 자라는 이 나무는 일곱 명이 손에 손을 잡아야 간신히 안아줄 수 있다. 이 나무가 자신을 스스로 지킬 힘이 있다는 게 얼마나 다행인지.

변화를 껴안을 것,
비록 두려울지라도

`방크시아`

호주에 서식하는 방크시아는 소방관과는 거리가 멀다. 산불이 덮쳐와도 도망은커녕 꼼짝없이 그 자리에 남을 수밖에 없으니까. 하지만 이 나무는 파괴적인 불조차 때론 새로운 삶의 기회가 된다는 것을 알고 있다. 맹렬한 화염이 뿜어내는 뜨거운 열기가 오히려 이 나무의 단단한 씨앗 껍질을 터뜨리고 마침내 씨앗을 세상 밖으로 쏟아낸다. 또한 불길이 덤불을 모조리 태워서 없앤 덕분에 이제 막 돋아난 새싹들은 예전 같으면 덤불에 가려 받지 못했을 햇빛과 영양분을 마음껏 누릴 수 있다. 생명은 어김없이 다시 피어나고, 그 순간이 돌아오면 방크시아는 반드시 맨 앞자리를 차지하리라 굳게 다짐한다.

멈춤의 시간을 충만하게

참나무

수면 부족은 사람에게도 나무에게도 이롭지 않다. 그래서 여름내 광합성을 하느라 분주한 나날을 보낸 나무가 겨울에 하는 일은 오로지 잠, 잠, 잠이다. 잎을 떨구는 일이 쉬워 보일지 몰라도 실은 무척 품이 드는 일이다. 가을이면 잎이 갈색으로 물드는 참나무 같은 나무들은 잎 속의 영양분을 다시 줄기로 끌어들인 뒤, 가지와 잎 사이에 세포로 된 장벽을 세우고 나서야 비로소 잎을 떨어뜨린다. 이 과정에서 적지 않은 에너지를 쏟아야 하니 기운이 빠질 만하다. 그래서 참나무는 숨을 고르듯 가지를 하늘로 쭉 뻗은 채 기나긴 겨울밤이 지나길 기다릴 뿐이다. 거의 아무것도 하지 않으면서, 아주 느긋하게.

나의 자리를 지킨다는 것

> 구주소나무

내가 누구인지, 그리고 내가 진정 바라는 것은 무엇인지 알아내기 위해 시간을 들여야 한다. 그래야 구주소나무처럼 의연하고 당당해질 수 있다(그렇다고 스코틀랜드 산악지대에서 매섭게 불어오는 바람을 맞으며 온종일 서 있고 싶지는 않겠지만). 이 나무는 1만 년 이상 자기 자리를 지켜왔으니 자신을 돌아보고 삶을 성찰할 시간도 충분했을 것이다. 그 기나긴 세월 동안 이 나무가 겪고 극복해냈을 수많은 역경과 시련을 생각해보라. 하늘 높이 솟아오른 이 강인한 나무를 보면 탄성이 나올 수밖에 없다.

내가 잘하는 것에 집중하기

> 마가목

제 몫의 삶을 충분히 살아내기 위해 엄청난 크기를 자랑하거나, 매우 강하거나, 가장 화려한 꽃을 피우지 않아도 된다. 작고 소박한 마가목을 떠올려보자. 천천히 자라는 이 나무는 산비탈에서 교외 정원에 이르기까지 어디서나 볼 수 있다. 마가목이 1년 내내 자기 자리를 지키고 있어도 우리는 나무가 거기 있다는 사실조차 알아채지 못한다. 눈에 띄지 않는데도 이 나무가 번성하는 것은 가을에 맺는 새빨간 열매 덕분이다. 이 붉디붉은 열매는 새들이 특히 즐겨 먹는 별미다. 그래서 마가목의 씨앗은 새들이 머무는 곳마다 널리 퍼진다. 무엇보다 이 씨앗은 새의 소화기관을 통과해야만 싹을 틔울 수 있다.

폭풍을 견디는 법

(산사나무)

컨트리 음악의 여왕인 돌리 파튼은 이렇게 말했다. "폭풍은 나무가 뿌리를 더 깊숙이 내리게 해준다." 맞는 말이다. 나무는 모진 바람에도 적응하고 살아남는 법을 알고 있다. 살아가며 힘든 시기를 피할 순 없지만 어떻게 헤쳐나갈지는 각자 하기 나름이다. 나무는 본디 하늘을 향해 곧게 자라고 싶어 한다. 하지만 산사나무처럼 강인한 존재들은 격렬한 바람을 온몸으로 맞아야 하는 탁트인 곳에서는 곧게 자라기 어렵다는 사실을 담담히 받아들인다. 한 방향으로 끊임없이 몰아치는 강한 바람은 어린 가지의 끝부분을 상하게 하고, 결국 나무는 위로 성장하는 대신 바람을 덜 맞는 쪽으로 자라면서 한쪽으로 기울어진다. 산사나무는 쓰러지지 않기 위해 바람을 등진 쪽의 줄기와 뿌리를 더욱 굵고 튼튼하게 키워 스스로 균형을 잡아간다. 그래서 폭풍이 휘몰아쳐도 쉽게 넘어지지 않는다.

때를 기다릴 것

> 너도밤나무

주도적으로 한발 앞서 움직이는 것이 좋을 때도 분명 있다. 하지만 때가 무르익지 않은 일을 조급하게 밀어붙이면 결과가 좋지 않을 때도 있다. 다방면으로 빼어난 너도밤나무는 이런 이치를 잘 이해하고 있다. 겨우내 뿌리부터 활동을 준비하고, 봄날에 새잎을 틔워낼 순간을 손꼽아 기다리면서도 결코 서두르는 법이 없다. 하루에 일조 시간이 최소 13시간 될 때까지 묵묵히 때를 기다린다. 봄기운이 느껴진다며 마음이 앞서 서둘러 잎을 내는 나무들은 끝내 그 성급함을 후회하게 된다. 해가 고개를 내밀자마자 샌들을 신고 나갔는데, 얼마 지나지 않아 해가 구름 뒤로 숨어버려 발끝이 얼얼하게 시려오는 것처럼.

때론 내려놓아야 한다

시에라 야자나무

자존심은 묘한 구석이 있다. 우리를 강하게 만들어주다가도 한순간에 나락으로 보내기도 한다. 그러니 폭풍을 무사히 넘기려면 온몸으로 버티기보다 한발 물러설 줄 알아야 한다. 예를 들면 시에라 야자나무가 그렇다. 열대 지역에서 허리케인은 숙명과도 같아서 키 큰 나무에게는 치명적인 위협이 된다. 그래서 다른 야자나무처럼 시에라 야자나무도 강풍이 몰아치면 주저 없이 나뭇잎을 떨군다. 물론 잎은 나무에게 매우 중요하고 보기에도 아름답지만, 험한 날씨를 견디려면 바람의 저항을 많이 받는 잎을 끝까지 움켜쥐고 있는 것이 능사는 아니다. 때로는 과감하게 내려놓아야 한다. 폭풍이 지나고 나면 나뭇잎은 언제든 새로 자라날 수 있으니까.

더불어 살아가기

`북미측백나무`

나무는 우리에게 삶이 지닌 다채로운 빛깔을 있는 그대로 받아들이고, 그 다양성 속에서 조화롭게 어울려 살아가라고 귀띔한다. 태평양 북서부가 고향인 북미측백나무는 혼자서도 거뜬히 잘 살아갈 것처럼 보이지만, 숲의 주변 나무들과 뿌리를 얽으며 서로 어우러져 살아가는 것을 더 좋아한다. 새들이 날아와 이 나무의 씨앗을 퍼뜨려주고, 수많은 곤충과 개구리들이 이 나무의 줄기와 가지를 보금자리로 삼는다. 그렇게 북미측백나무는 다양한 생명과 조화를 이루며 더불어 사는 삶을 실천한다.

일상을 깨고 나아갈 용기

> 개버즘단풍나무

새로운 것을 시도하는 용기가 결국 자신을 성장시키는 문을 열어 준다. 이 세상에는 6만 종이나 되는 나무가 제각기 다른 모습으로 살아간다. 놀랍지 않은가. 이렇게 다양한 나무가 생겨난 이유는 나무들이 수천 년이라는 긴 세월 동안 저마다 놓인 환경에 뿌리를 내리고 끊임없이 적응했기 때문이다.

총명한 개버즘단풍나무는 씨앗을 빙글빙글 돌아가는 작은 헬리콥터처럼 만드는 법을 터득했다. 덕분에 커다란 씨앗은 바람을 타고 부모 나무의 그늘을 떠나 멀리 날아간다. 새나 다른 동물의 먹이가 될 열매를 맺지 않고도 새로운 터전을 찾아 나아가게 된 것이다. 그렇다. 새로운 세상으로 뻗어나가려면 누군가는 첫 번째로 도전할 용기를 내야 한다.

매 순간 과정을 즐겨라
코르크참나무

삶은 하나의 여정이다. 모든 일이 계획한 대로 흘러가지는 않는다. 그런 날엔 폭풍이 지나가길 기다리기보다 빗속에서 춤추는 법을 찾아보는 게 어떨까?

코르크참나무에겐 수천 년 동안 사람들이 특별하다고 여기는 재능이 있다. 이 나무의 두껍고 탄력 있는 나무껍질은 온갖 위험의 방어막이 되어준다. 특히 들판을 집어삼키는 불길 앞에서도 나무를 지켜낸다. 지역 주민들이 와인 병마개로 사용하기 위해 껍질을 벗겨가도 나무는 불평하지 않는다. 물론 한동안 헐벗은 듯 보이겠지만 이 나무는 개의치 않고 새로운 껍질을 길러내며 자기 삶을 이어간다. 탁월한 회복력과 고유의 특성 덕분에 코르크참나무는 나무들 사이에서 으뜸으로 꼽히며, 고향인 포르투갈에서는 모두가 소중히 여기는 나무로 사랑받고 있다.

낭비는 금물

니사 실바티카

삶이 우리에게 준 것을 최대한 활용하고 현명하게 쓰는 법을 알려주는 데 나무만큼 좋은 스승은 없다. 니사 실바티카는 가을이면 불꽃처럼 타오르는 단풍을 뽐내는 듯하지만, 실은 감탄스러울 정도로 절약 정신이 뛰어나다. 낙엽수는 잎을 훌훌 털어버리기 전에 이듬해 요긴하게 쓸 만한 자원을 남김없이 거둬들인다. 잎에서 엽록소가 빠져나가면 카로티노이드 색소가 황금빛과 주황빛으로 잎을 물들이고, 안토시아닌 색소가 붉은빛과 자줏빛을 얹는다. 이보다 더 아름다운 재활용이 또 있을까.

주위에 온기를 베풀다

(님나무)

다른 사람과 맺는 관계는 삶에서 더없이 중요하다. 우리는 모두 타인과 깊이 연결되어 친밀감과 사랑을 느끼고 싶어 한다. 누군가를 돌보는 순간들 속에서 삶의 의미를 깨닫고 다른 사람을 이해하는 마음을 배운다. 이런 감정들은 결국 우리의 스트레스와 불안을 가라앉힌다. 인도와 파키스탄이 원산지인 님나무는 가뭄이 잦아 다른 식물은 잘 자라기 힘든 메마른 땅에서도 굳건히 서 있으며, 가지와 잎을 넓게 펼쳐 뜨거운 햇볕 아래 반가운 그늘을 드리운다. 님나무의 잎은 사람이 먹어도 되는 데다 해충을 쫓아주는 성분도 들어 있다. 이 나무의 꽃이 머금은 꿀은 벌들에게 인기가 좋다. 이렇게 유용하고 너그러운 나무를 사람들이 사랑하는 건 당연한 일 아닐까.

뿌리 깊은 나무

노간주나무

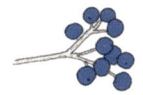

뿌리를 단단히 내리기만 하면 어디서든 삶을 꽃피울 수 있음을 나무는 몸소 보여준다. 노간주나무는 미국 유타주처럼 거칠고 메마른 땅에서도 뿌리를 내리고 잘 자라난다. 뿌리가 바위틈을 비집고 깊숙이 뻗어 들어가는 능력이 얼마나 탁월한지 나무가 바위를 뚫고 솟아난 것처럼 보인다. 포기를 모르는 이 강인한 나무는 중심이 되는 굵은 뿌리가 바위를 붙잡아 몸을 지탱하고, 물을 찾아 땅속 12미터 아래까지 뻗어 내려간다. 이 중심 뿌리에서 갈라져 나온 가느다란 곁뿌리들은 측면으로 뻗어나가 잠깐 쏟아진 소나기의 빗물이 땅속으로 스며들기 전에 재빨리 흡수한다. 굳건한 뿌리를 내리는 나무답다.

빛나는 조연의 품격

(자작나무)

아무리 하찮아 보이는 일이라도 자신이 하는 일에 자부심을 갖는다면 진정한 만족감을 누릴 수 있다. 빙하기부터 제 몫을 다해온 자작나무는 칭찬받을 만한데, 나무라서 자기 등을 스스로 토닥여줄 수 없다는 게 아쉽다. 숲속에 빈터가 생기면 바람이 작은 씨앗을 퍼뜨려주어 활기 넘치고 우아한 자작나무는 가장 먼저 자리를 잡는다. 그러고는 다른 나무들이 뿌리 내릴 수 있도록 터를 닦아둔다. 이 나무는 80년 정도 살다가 생을 마감하면서 그 자리에 새로운 생명이 숲을 채울 수 있도록 조용히 물러난다. 감사하다는 인사 한마디 바라지 않은 채.

어느 쪽으로 기울 것인가

(아라우카리아 콜룸나리스)

"나무는 기울어진 쪽으로 쓰러진다." 미국의 어린이책 작가 닥터 수스가 한 말이다. 우리도 살아가면서 올바른 방향으로 기울이고 믿고 기댈 수 있는 사람들 곁에 있어야 한다.

대체로 나무는 곧게 자라길 원한다. 나무의 세포 안에는 중력을 감지하고 어느 쪽이 위쪽인지 알아내는 작은 주머니 모양의 조직이 있다. 그런데 키 크고 늘씬한 아라우카리아 콜룸나리스는 중력을 받아들이는 방식이 독창적이다. 이 나무는 몸을 한쪽으로 기울인 채 자란다. 어디에서 자라든 한결같이 적도를 향해 몸을 기울이고, 적도에서 멀어질수록 기울기가 점점 커진다. 과학적으로 보면 이 대담한 움직임은 나무가 위도에 따라 잎이 받을 수 있는 햇빛을 최대한 끌어들이려는 몸짓일 수 있다. 그러니 우리도 자신에게 이로운 방향으로 몸을 기울여보는 건 어떨까. 아라우카리아 콜룸나리스처럼.

강인하지만 유연하게

`개암나무`

'부러지지 않으려면 휘어라'는 신념에 동의하지 않는 나무는 없으리라. 때론 사람들에게도 적용되는 인생의 지혜다. 휘지 않는 나무는 거센 바람에 바로 꺾이고 만다. 쓰러지지 않으려면 몸을 부드럽게 구부릴 줄도 알아야 한다. 인생이 뜻밖의 강풍을 몰고 오면 바람에 맞서기보다 몸을 낮추고 유연하게 적응해야 한다. 개암나무는 회복력과 유연성의 달인으로 꼽힌다. 이 나무는 남의 도움 없이 해마다 밑동에서 스스로 새순을 힘차게 밀어 올린다. 새순은 곧고 유연한 줄기로 자라나 수천 년 동안 사람들에게 필요한 자원으로 쓰였다. '강인하지만 유연하게.' 휘어질지언정 부러지지 않는 개암나무가 온몸으로 실천해온 삶의 철학이다.

행복은 마음먹은 순간부터

어느 유명한 노랫말처럼 긍정은 한껏 돋보이게 하고 부정은 말끔히 털어내야 한다. 나무에게 주제가가 있다면 라일락은 이 노래를 골랐을 것이다. 라일락은 삶의 긍정적인 면에 집중하려는 마음가짐이 행복으로 향하는 첫걸음임을 알고 있다. 이 작은 나무는 척박한 땅이나 오염이 심한 도시 한복판에서 자라면서도 해마다 2주 동안 온 힘을 다해 꽃을 피워낸다. 그렇게 피어난 풍성하고 매혹적인 꽃송이들은 수많은 벌과 나비를 불러 모은다.

궂은날에 대비하기

(자라나무)

미래에 대한 불안이 옅어질 때 비로소 현재에 온전히 집중할 수 있다. 마음의 위로든, 실질적인 도움이든, 경제적인 뒷받침이든, 삶이 힘겨운 시기에 기댈 수 있는 무언가가 있다는 사실에 우리는 깊은 안도감을 느낀다. 자라Jarrah나무도 마찬가지다. 고향인 호주에 산불이 나면 나무의 몸통만 살짝 그을릴 정도로 빨리 지나가길 바란다. 설령 예상보다 더 심각한 일이 벌어진다 해도 걱정하지 않는다. 미리 준비한 보험이 있으니까. 자라나무는 땅 밑에 '리그노튜버lignotuber'라는 영양소 창고가 있다. 생을 마감하면 그곳에서 새 생명이 태어나고 또 다른 자라나무로 성장한다. 피해가 심각하지 않다면 줄기에서 새순을 틔울 수도 있다. 어느 경우든 자라나무에게는 대비책이 있다.

내 안의 영성과 마주하기

(인도보리수)

이 세상을 살아가는 나무의 종류만큼 '영성'에 대한 생각도 저마다 다르다. 그 의미가 무엇이든 영성은 결국 내면의 목소리에 이르는 길을 찾아가는 여정에서 시작된다. 그 목소리에 귀 기울이면 마음 깊은 곳에 평온함이 잔잔히 스며든다.

인도보리수는 영성을 상징하는 대표적인 나무로 손꼽힌다. 기원전 6세기, 부처는 이 나무 아래에서 깊은 명상 끝에 마침내 깨달음을 얻었다. 파키스탄에서 인도 전역을 거쳐 미얀마에 이르기까지 인도보리수는 오늘날에도 일상에서 삶의 영적인 면을 일깨우는 존재로 남아 있다. 이 나무 아래에는 여전히 소박한 기도 공간이 마련되고 '인도보리수를 찾아간다'라는 말은 기도하러 간다는 의미로 통한다. 1500년이라는 오랜 세월을 건강하게 장수하는 보리수는 작은 믿음으로 삶에 힘과 위안을 얻을 수 있음을 잘 보여준다.

나무들

가시자두나무
p.25

가시칠엽수
p.36

개버즘단풍나무
p.111

개암나무
p.124

구아레아
p.64

구주소나무
p.98

구타페르카나무
p.63

낙우송
p.89

너도밤나무
p.72, p.104

노간주나무
p.119

느릅나무
p.19

니사 실바티카
p.114

님나무
p.117

단풍나무
p.12

단풍버즘나무
p.39

라일락
p.127

마가목
p.101

맹그로브
p.35

물푸레나무
p.91

미국너도밤나무
p.20

미루나무
p.81

미송
p.78

바니안나무
p.60

바오바브나무
p.43

발삼전나무
p.57

방크시아
p.95

버드나무
p.26

북미측백나무
p.109

사시나무
p.17

산사나무
p.102

산솔송나무
p.28

서양회양목
p.84

서어나무
p.22

설탕단풍
p.87

세쿼이아
p.74

시에라 야자나무
p.107

아라우카리아
콜룸나리스 p.123

아사이 야자나무
p.54

오리나무
p.30

올리브나무
p.47

왕벚나무
p.71

용혈수
p.67

우산가시
아카시아나무 p.51

유럽호랑가시나무
p.44

은백양
p.49

은행나무
p.83

인도보리수
p.131

잎갈나무
p.52

자라나무
p.128

자작나무
p.120

주목
p.15

참나무
p.96

카우리나무
p.93

코르시카 소나무
p.68

코르크참나무
p.112

피크난드라
아쿠미나타 p.59

황연목
p.77

흑호두나무
p.33

흰전나무
p.40

The trees are God's great alphabet:
with them He writes in shining green
across the world His thoughts serene.

나무는 신의 위대한 알파벳이다.
신은 그들을 통해
빛나는 초록색으로
자신의 고요한 생각을 세상에 쓴다.

― 레오노라 스파이어 Leonora Speyer

꾸준히, 천천히, 묵묵히 삶을 키우는 나무의 지혜
나무 같은 사람이 되고 싶다

1판 1쇄 발행 2025년 8월 13일
1판 2쇄 발행 2025년 9월 23일

글. 리즈 마빈
그림. 애니 데이비드슨
옮김. 박은진
기획편집. 김은영, 하선정
마케팅. 이운섭
디자인. 말리북 최윤선, 오미인, 조여름

펴낸곳. 아멜리에북스
출판등록. 제2021-000301호
전화. 02-547-7425
팩스. 0505-333-7425
이메일. thmap@naver.com
블로그. blog.naver.com/thmap
인스타그램. @amelie__books

ISBN 979-11-990317-3-9 (03840)

• 아멜리에.북스는 생각지도의 문학 브랜드입니다.

책값은 뒤표지에 있습니다.
잘못된 책은 구입하신 곳에서 교환해 드립니다.
신저작권법에 의해 보호를 받는 저작물이므로 무단전재와 무단복제를 금합니다.